AF464479

JOSEPH AUBRY

A MADAGASCAR

# LA
# Tribu des Sakalava

Organisation Sociale, Mœurs, Coutumes & Croyances

CONCLUSION

*Jubet hic Gallia stare Crucem*

ÉPINAL
Imprimerie Lorraine
—
1910

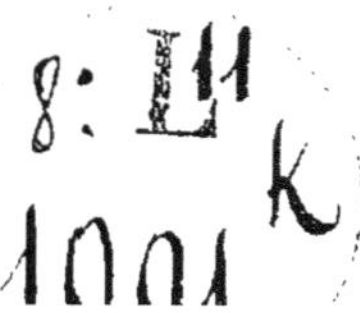

**JOSEPH AUBRY**

## A MADAGASCAR



# LA Tribu des Sakalava

Organisation Sociale, Mœurs, Coutumes & Croyances

**CONCLUSION**

*Jubet hic Gallia stare Crucem*



ÉPINAL
IMPRIMERIE LORRAINE

1910

# LA

# Tribu des Sakalava



## I. — Considérations Générales

Madagascar est habitée par des groupes de population d'origines différentes. Les uns, comme les Betsimisaraka, les Bara, les Mahafaly, les Sakalava, etc., appartiennent à la race noire; les autres, comme les Antimérina ou Hova, sont de race jaune et mongolique. Ceux-ci sont des Malais et des Indonésiens venus très anciennement des îles de la Sonde sur des pirogues à balancier.

Quant aux races nègres proprement dites, on est fondé à croire qu'elles viennent de la Mélanésie, car elles présentent certains caractères des races noires de l'Océanie, notamment le grand développement vertical de la tête, et elles parlent une langue malayo-polynésienne qu'elles n'avaient pas empruntée aux Malais de l'île (Hova), puisqu'elle était en usage avant l'arrivée de ces derniers.

Cependant, beaucoup d'entre ces noirs viennent de la côte voisine d'Afrique, distante seulement de 400 kilomètres et doivent être classés dans la grande race cafre ou bantoue. C'est à cette origine surtout qu'appartiennent les Sakalava, dont nous allons nous occuper dans les pages qui suivent.

*
* *

Avant tout, d'où vient ce mot de *Sakalavà* ? J'ai maintes fois posé la question aux gens du pays, mais aucun n'a su me répondre.

Serait-ce que la tribu des Sakalava est en relation de totémisme avec le chat, car, dans la langue du pays, *sakalava* signifie *long chat* ? C'est peu probable, car si le chat est un animal vénéré et sacré dans certaines régions du pays sakalava, il ne l'est pas en beaucoup d'autres, et l'on sait que le principe essentiel du totémisme est la croyance à la parenté, à l'identité spécifique entre un clan humain tout entier et une espèce animale. C'est pourquoi il serait probablement plus juste d'expliquer ce mot par le renom d'agilité et de banditisme particulier au Sakalava, en pays malgache. *Sakalava* serait alors une abréviation de la locution hova : « *Saka lava tanana* », qui signifie : *chat aux longues griffes*, au figuré, *un voleur*; ce surnom leur aurait été donné à l'origine par les tribus voisines et leur serait resté depuis...

*
* *

La tribu des Sakalava constitue le groupe noir le plus important de toute l'île de Madagascar, puisqu'elle occupe les trois quarts de la côte occidentale, de Nossi-Bé à Tuléar, et qu'elle s'avance fort loin dans le centre, de Maintirano à Mévétanana. Les villes et

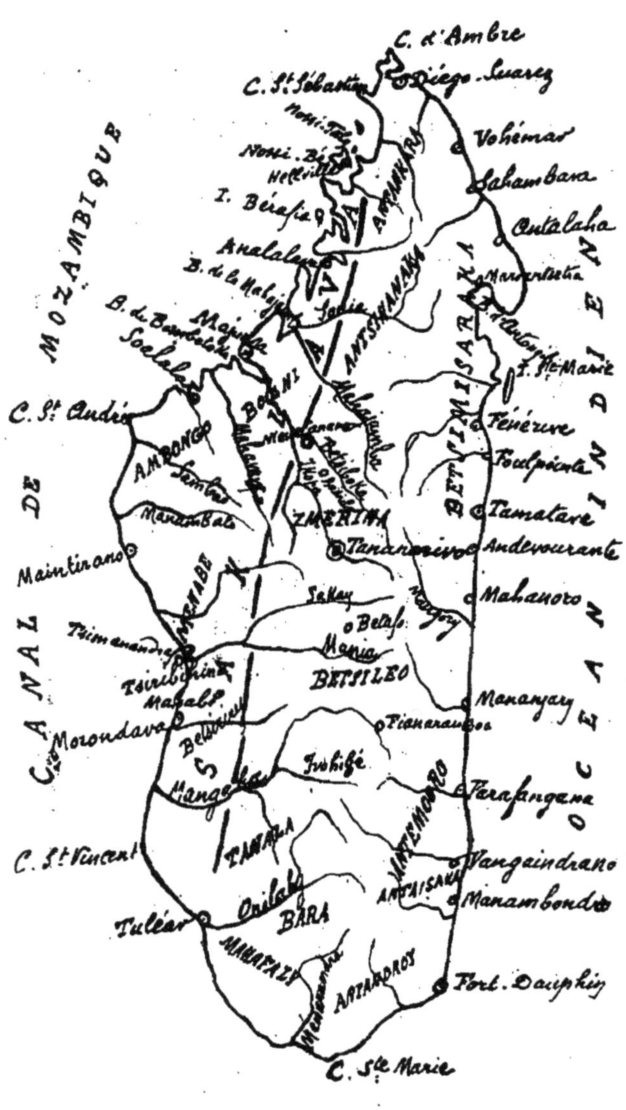


L'Ile de Madagascar

ports de commerce bien connus de Hellville, Analalava, Majunga, Soalala, Morondava (1) et Tuléar sont en pays sakalava.

La population s'élève au chiffre d'environ 400.000 habitants ; elle est généralement concentrée dans les plaines marécageuses et fertiles du littoral et dans les vallées des rivières et des fleuves, qui sont comme les carrefours où se croisent les routes allant du Nord vers l'Emirne, et de Mévétanana à Maintirano et à Soalala. Or, les peuples ne prennent-ils pas l'empreinte du sol qui les porte ? Les indigènes se sont donc, eux aussi, comme leurs routes, fortement croisés, et le sang de la population d'origine s'est peu à peu métissé de sang hova, betsiléo, arabe et makoa (2), formant ainsi une race aux idiomes, aux coutumes et au caractère un peu changeants, suivant les régions, et selon que la race primitive a plus ou moins subi l'influence étrangère.

Au contact du Hova, le Sakalava perd une partie de son énergie morale et de sa vigueur physique ; en revanche, il perd aussi ses instincts guerriers et pillards et gagne auprès du nouveau venu le goût du travail, acquiert quelques notions de commerce, avance d'un pas dans la voie de la civilisation et du progrès. Au contact du Makoa, le type du Sakalava au corps svelte, vigoureux et souple, perd ses lignes

(1) La voyelle *o* se prononce *ou* en malgache.
(1) On appelle *Makoa*, à Madagascar, les nègres de Mozambique.

harmonieuses de statue antique, s'épaissit, devient disgracieux, mais il s'attache, par contre, au sol qui l'a vu naître, perd ses goût nomades et s'accoutume peu à peu au travail de la terre.

*
* *

Avant l'occupation française, il y a quinze ans à peine, c'était partout l'anarchie, le brigandage à

Guerriers Sakalava avant la Conquête

main armée, l'insécurité absolue en pays sakalave. Les indigènes partageaient leur temps entre la chasse aux bœufs sauvages ou aux sangliers et les incursions dans les régions voisines. C'est dans ces conditions que s'accomplissaient ces fameux raids de plusieurs journées, au cours desquels plusieurs groupes de sakalava allaient razzier des villages entiers au cœur même du pays hova ou betsiléo. Les pillards s'attaquaient non seulement aux biens, mais encore aux personnes, et ils rentraient chez eux abondamment pourvus de captives et d'enfants volés.

Les pays hova limitrophes du territoire sakalava eurent particulièrement à souffrir de ces incursions. C'est pourquoi les habitants créèrent entre eux et leurs dangereux voisins cette zône désertique qui sépare, maintenant encore, certaines régions occupées par les deux races.

Non contents de satisfaire leurs instincts de rapine au détriment des peuplades de race différente, les sakalava pratiquaient aussi le vol chez leurs congénères. Ainsi, une femme sakalava ne pouvait s'éloigner, seule, à quelques centaines de mètres de sa case, sans risquer de se faire enlever. Il arrive parfois, aujourd'hui encore, d'assister à des reconnaissances imprévues entre frères et sœurs, mères et enfants, ainsi séparés depuis de longues années.

* * *

L'organisation du groupe sakalava comportait donc la division en clans. Chaque clan avait son roi *mpanjaka*. La case de ce dernier occupait toujours le centre du village.

Il était assisté dans l'exercice du pouvoir par trois auxiliaires ; le *manantany*, conseiller ou premier ministre; le *fahatélo*, chargé de communiquer les décisions et de faire respecter les droits du mpanjaka; le *talempihitsy*, chef de la force armée, représentée par des guerriers appelés *fahitsy*.

Les sujets du roi devaient obéir à tous ses caprices; ils lui payaient la dîme qu'ils prélevaient sur leurs récoltes et productions : riz, manioc, patates, volailles, bœufs, etc., et qu'ils lui apportaient régulièrement chaque matin, sous peine d'amende.

Des luttes que ces tribus eurent à soutenir contre leurs adversaires, soit de même race, soit de races différentes, les guerriers ramenèrent des prisonniers qui furent considérés comme leur propriété. Ceux-ci constituèrent la classe des esclaves, laquelle s'augmenta plus tard par des achats de Makoas que les Arabes allaient chercher sur la côte de Mozambique et qu'ils revendaient aux chefs sakalava (1).

* * *

Il ressort de ce qui précède que le fond du caractère sakalava, c'est l'horreur de toute contrainte, l'amour de la liberté, surtout celle de ne rien faire, la paresse, par conséquent, et le vagabondage.

Au reste, comment le Sakalava eût-il pu, dans un tel état de désordre et d'anarchie, se livrer à l'agriculture, au commerce ou à l'industrie ?

Jusqu'en 1910, seuls, des commerçants hova, atti-

(1) On sait que l'esclavage a été aboli à Madagascar en 1898.

rés par le faible prix du bétail, venaient dans les régions de la Mahajamba et de la Mahavavy acheter des troupeaux de bœufs qu'ils revendaient ensuite chez eux, dans l'Emirne, réalisant ainsi des bénéfices considérables. Les achats effectués par ces indigènes avaient toujours lieu par voie d'échange. L'argent était à peu près inconnu des Sakalava qui professaient une grande répugnance pour ce mode de transaction.

Ils vendaient donc leurs bœufs contre des lamba (1), de la verroterie, des marmites en fonte et surtout de l'alcool. Leurs rusés acheteurs attribuaient d'ailleurs à ces objets et produits une valeur bien supérieure à celle qu'ils possédaient réellement et troquaient, par exemple, un mauvais lamba qui ne valait pas cinq francs, contre un bœuf qui en valait quarante ou cinquante. Après tout, le Hova, né malin, ne faisait, en exploitant ainsi le Sakalava, que prendre sa revanche des vols brutaux et nombreux dont il était victime de la part de son naïf adversaire.

Depuis 1901, à notre contact, le Sakalava s'est un peu familiarisé avec l'argent et les échanges sont devenus rares. Mais quelle que soit la forme que revête la transaction, il ne se laisse pas moins facilement duper; ses exploiteurs ont seulement changé de

---

(1) Carré d'étoffe que les Malgaches portent sur les épaules comme un long châle.

nom : au lieu d'être des Hova, ce sont des Indiens et des Grecs.

Ces faits prouvent assez que le Sakalava n'a pas l'esprit du commerce. Serait-il porté plutôt vers l'industrie ? Pour devenir industriel, il faut être quelque peu industrieux. Or, toute l'industrie des Sakalava consiste dans la fabrication de poteries, de de tissus en fibres de raphia, d'objets de sparterie qui n'ont pas de valeur marchande et ne dépassent pas les besoins de la consommation locale.

Aussi, l'avenir économique du pays sakalava paraît-il être plutôt du côté de l'élevage et de l'agriculture.

---

## II. — L'Habitation Sakalava

Les Sakalava construisent des cases rectangulaires de dimensions variables, couvertes d'une toiture à deux versants dont la ligne de faîte est toujours orientée du Nord au Sud, de manière à présenter un des pignons au brûlant soleil de midi et un des angles aux pluies et vents dominants N.-O. et S.-E. Elles sont constituées par une charpente en bois non équarris, sur laquelle sont placés, de haut en bas, des lamelles de raphia (*mévanato*), ou des joncs (*bararata*), ou quelquefois des touffes de paille. Elles sont recouvertes d'un toit en chaume (*bozaka*) ou en feuilles de latanier (*satrana*).

Le schéma ci-dessous donne le plan au 1/100 d'une case sakalava.

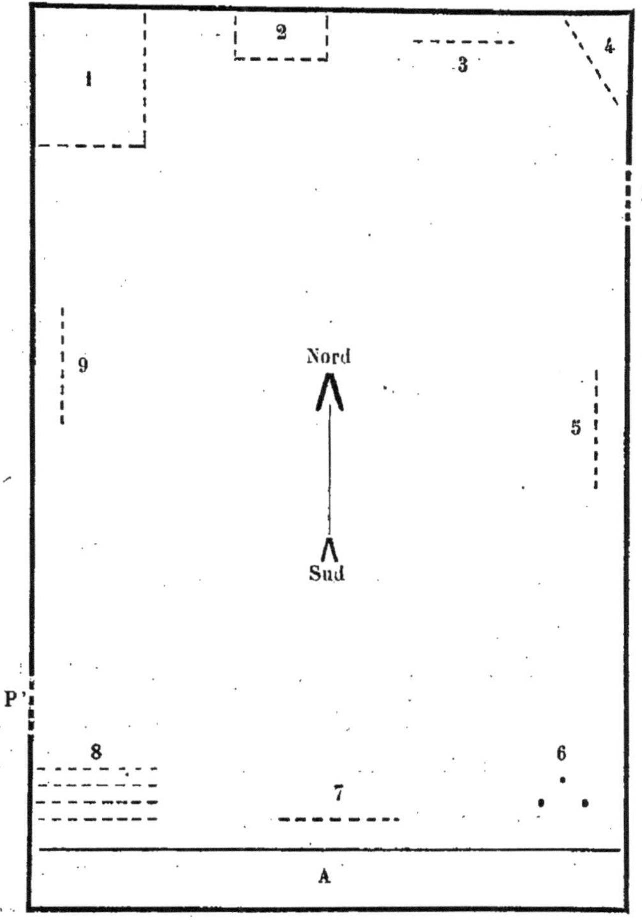


**Légende**

1. Lit du maître de maison ou *kibany*, sorte de cadre en bois, posé sur quatre pieux et garni de lamelles de raphia, sur lesquelles est installée une natte en feuilles de latanier. Une grande moustiquaire en fil de raphia préserve le dormeur autant de l'eau de pluie que des moustiques, car la toiture de la maison n'est, le plus souvent, pas très étanche. Sous le lit se place la malle ou coffre à bijoux, argent et effets.

2. Tabouret et calebasse en terre (*sajoa*) contenant la provision d'eau à l'intérieur de la case.

3. Papiers, livrets individuels, bouteilles vides, appendus à la cloison, à hauteur d'homme.

4. Sorte d'autel où sont placés les *ody* ou *fangatahana*, c'est-à-dire

les amulettes et talismans dont se servent les Sakalava pour invoquer la divinité et les mânes des ancêtres.

5. Vaisselle rudimentaire, ustensiles de cuisine, cruche à eau (*zinga*).

6. Le *tola*, foyer composé de trois pierres plantées en terre aux trois sommets d'un triangle équilatéral et sur lesquels repose la marmite.

7. Nattes en raphia qui font l'office de tapis chez les Sakalava et éventails, faits d'herbes, dont ils se servent pour chasser les moustiques.

8. Provisions : riz, manioc, patates, etc.

9. Van et mortier à riz.

PP. Portes de 0 m. 70 de largeur et de 1 m. 20 à 1 m. 50 de hauteur à 0 m. 40 environ au-dessus du sol.

Très exceptionnellement, la cuisine est placée en un compartiment attenant à la maison d'habitation et séparée d'elle par une simple cloison, en A par exemple.

Le sol de la case n'est jamais surélevé, et souvent même il est en léger contre-bas du sol extérieur. La vérandah est une exception.

Les Sakalava n'emploient jamais pour la construction la pierre, la brique ou la terre.

Autrefois, avant l'occupation française, l'insécurité du pays était telle qu'ils avaient le plus grand intérêt à se cacher et à dissimuler leurs habitations; aussi, celles-ci n'étaient alors que des abris sommaires, petits, bas, où la fumée, qui se dégageait du foyer, provoquait des ophtalmies rebelles. La saleté permanente et la promiscuité donnaient aux maladies contagieuses une virulence exceptionnelle.

Aujourd'hui, des villages groupés remplacent les campements (*toby*) d'autrefois; des cases spacieuses, dont quelques-unes munies de vérandah, habituent peu à peu les indigènes à la propreté et modifient leur conception du bien-être.

Village Sakalava sur les bords de la Mer

## III. — Le Vêtement

En raison même de l'insécurité qui régnait avant la conquête dans tout le pays sakalava, les marchands hova, grecs ou indiens se risquaient rarement dans l'intérieur des terres ; les cotonnades, peu répandue s étaient chères; l'absence de toute monnaie compliquait, par surcroît, les transactions. C'est pourquoi les Sakalava portaient, à l'exclusion de tous autres, des vêtements faits soit en toile de raphia seulement (*rabany*), soit en fil de raphia mêlé de fil de coton sauvage (*jabo*), que les femmes tissaient elles-mêmes.

A présent, ils ont complètement renoncé à ces vêtements et ils s'habillent avec des tissus imprimés, aux couleurs voyantes, dont les commerçants sont toujours largement approvisionnés.

Toutefois, suivant la manière dont il est arrangé, le vêtement a conservé sa dénomination ancienne. Il s'appelle *saimbo*, lorsqu'il est enroulé autour des reins; *salempy*, s'il recouvre les épaules; *bémihévo*, s'il entoure la tête. La femme porte le *saimbo* et la *salovana*, longue robe peignoir sans manche, accrochée sous les bras. L'homme et la femme portent en outre le *lamba*, carré d'étoffe de deux mètres de côté, qu'ils placent sur les épaules, sans s'en draper à l'espagnole, comme font les Hova.

Sur les plateaux pierreux qui constituent la plus grande partie de leur région, les Sakalava se chaussent de sandales en peau de bœuf, retenues aux pieds par des lanières de même cuir.

Le Sakalava n'a d'autre coiffure que ses cheveux disposés en un grand nombre de petites tresses qui retombent sur la nuque, les oreilles et le front.

Comme parures, les femmes portent des bracelets aux poignets et parfois à la cheville, des boutons en argent ou une pièce de cinq francs en or, piqués dans le cartilage du nez, des pendants d'oreilles en métal ou en bois (*kavina*), qui sont introduits dans le lobe progressivement distendu.

Les guerriers sakalava possèdent un ornement de guerre appelé *félana*, coquillage circulaire, plat et de couleur blanche, qu'ils attachent au milieu du front, à l'aide d'un lien quelconque faisant le tour de la tête. Autrefois, à l'époque des luttes qu'ils avaient à soutenir, cet ornement était d'un grand prix; aujourd'hui, avec l'ère de pacification définitivement ouverte, il a beaucoup perdu de sa valeur et peu de Sakalava le portent encore.

---

## IV. — La Nourriture

Elle n'est pas variée; c'est le riz qui en forme toujours la base principale. Ils le mangent allié à l'invariable *kabaky* ou *laoka*, composé de brèdes et de feuilles diverses, de viande de bœuf ou de porc.

A défaut de riz, les aliments qui entrent pour une grande part dans la nourriture des indigènes sont : les patates et le manioc, mangés soit crus soit cuits à l'eau ou sous la cendre; les bananes, dont la majeure partie sert à faire de l'alcool (*toaka*); le miel que l'on trouve en assez grande quantité dans les forêts; les citrouilles et les melons d'eau que l'on rencontre un peu partout; la canne à sucre qui se mange crue, mais est généralement employée à fabriquer la *bétsa*-

*bétsa*, boisson fermentée; le maïs, les arachides, le *saonjo*. Les rivières sont peu poissonneuses; toutefois l'écrevisse et la grosse crevette existent dans nombre d'entre elles.

Dans le cas de disette absolue, ce sont les tubercules poussant spontanément dans la brousse, comme le *kabidja*, transformé en farine et lavé à grande eau dans un linge ; le *bémandry*, racine pleine d'eau, ne se prêtant pas à la conservation; ce sont aussi les fruits comestibles de l'*adabo*, ou figuier sauvage, du *sakoa*, du tamarinier, le cœur des troncs de raphia soit grillé, soit préparé à l'eau, et dont ils tirent un liquide rafraîchissant appelé *larafy*, qui forment la suprême ressource des Sakalava.

Tels sont leurs seuls objets de consommation. Une assiette en terre appelée *kapila*, une cuiller en bois dite *kilolo*, dont le manche porte parfois des dessins ajourés assez délicats, constituent toute leur vaisselle.

---

## V. — La Famille Sakalava

En pays sakalava, l'organisation sociale a pour fondement, avant le village, la famille. Que les enfants soient légitimes, naturels ou même simplement adoptés, ils jouissent de droits égaux. Les enfants adultérins sont quelquefois repoussés par le père qui les donne à une tierce personne; s'il n'en trouve pas, c'est le chef du village qui les nourrit et les élève.

La parenté a lieu par tige paternelle, par filiation et aussi par la fraternité du sang.

Cette fraternité du sang ou *fatidra*, qui est un usage connu dans tout Madagascar, donne lieu à des pratiques spéciales qui offrent partout la même forme : elles consistent dans l'absorption réciproque d'une goutte de leur sang par chacun des contractants, qui perdent dès lors toute indépendance l'un vis-à-vis de l'autre. La parenté ainsi créée est, aux yeux des Sakalava, supérieure à celle du frère né hors du mariage.

La puissance paternelle est sans limites. Le père est chef de la famille et maître absolu des siens : c'est le véritable *paterfamilias* du droit romain. Sa femme et ses enfants lui doivent une obéissance complète. Les biens lui appartiennent, et il est libre d'en disposer comme il l'entend. Mais, s'il a des droits, il a aussi des devoirs : il doit aux siens l'entretien, la nourriture, aide et protection.

Les degrés de parenté ne sont pas établis dans la famille Sakalava comme dans la famille française. Suivant leur importance, les membres peuvent être classés comme il suit : père, mère, fils aîné ou *zoky*, cadet ou *zandry*, oncle paternel ou *ada kély*, oncle maternel ou *zomony*, petit-fils ou *zabia*.

L'état-civil était à peu près inconnu des Sakalava avant notre occupation. Ils se bornaient à déclarer aux chefs de tribus ou *mpanjaka*, les naissances, les mariages et les décès.

D'une façon générale, il est admis que le produit des croisements appartient à la race du père; ainsi, l'homme sakalava avec la femme hova donne le Sakalava.

---

## VI. — Le Mariage

Le mariage se fait sans considération de race, de caste et de fortune. Il suffit que deux fiancés se plaisent. Le degré de parenté trop rapproché est un empêchement absolu. Ce n'est qu'entre cousins germains que le mariage peut être autorisé. Encore, cette autorisation est-elle subordonnée aux auspices favorables, tirés de la bizarre cérémonie suivante. Un taureau, fourni par le père du fiancé, est attaché front contre front avec une vache fournie par la mère de la jeune femme : si les deux animaux n'essaient pas de se séparer, le mariage peut être effectué.

La dot n'est pas dans les habitudes sakalava; le père donne seulement à son fils, et cela selon ses moyens, les bœufs et l'argent nécessaires à la célébration du mariage; la mère donne à sa fille les premiers ustensiles de ménage indispensables.

C'est le père du fiancé, ou le fiancé lui-même, si son père est décédé, qui adresse au père de la jeune femme la demande en mariage; car, sans le consentement du chef de famille, le mariage est inexistant. Si la demande est agréée, le prétendu fait à sa future belle-mère un cadeau, suivant sa fortune. Puis le mariage est célébré, et l'éclat de la cérémonie varie naturellement avec la richesse du mari et de sa famille. S'il possède un troupeau de bœufs, il doit en abattre quelques-uns; la fête serait incomplète si elle n'était terminée par un tam-tam où l'alcool coule à flots.

*
* *

Cependant, le mariage n'est définitif qu'après la naissance du premier enfant. Aussitôt que la jeune mère s'est relevée de ses couches, elle va, avec son mari, chez ses parents. Les époux s'arrêtent à la porte de la case devant laquelle ils déroulent une natte, en y déposant des présents divers : œufs, poules, bananes, et, si leur état de fortune le permet, ils offrent aussi une vache. Pendant ce temps, les gens du village s'assemblent et félicitent les deux conjoints. Puis, le père de la jeune femme prononce la formule consacrée, bien typique du caractère sakalava : « Cet homme s'est conformé à la coutume, il m'a fait les cadeaux d'usage, je lui donne ma fille. » Cette cérémonie est nommée « *kitrola* ». Si l'homme ne donnait pas le *kitrola*, l'enfant ne serait pas pour lui, mais pour la femme, en cas de divorce; De même, en cas de divorce, si le *kitrola* a été donné, l'homme prend deux parts des biens et la femme une; s'il n'a pas eu lieu, la femme et l'homme ont droit chacun à la moitié des biens en partage.

*
* *

La femme sakalava occupe dans la famille [une

Types de femmes Sakalava

place matérielle et morale importante; son mari la brutalise rarement et écoute volontiers ses avis. Elle prend part aux travaux de la terre; c'est elle, notamment, qui est chargée du repiquage du riz et de sa récolte. Les époux se doivent assistance; cependant l'inconduite dans le mariage est fréquente, et le divorce, « *fanitosana* », est un acte d'une simplicité sans égale. La stabilité du foyer, la permanence du lien conjugal répugnent à l'inconstance naturelle des Sakalava. Ils ne se fixent qu'après plusieurs essais prématurés, et rien n'est si solide que le plus petit incident ne le puisse rompre, d'autant mieux qu'en s'unissant, ils déclarent généralement leur lien éventuel.

Disons tout de suite que de telles pratiques ont sur le peuple sakalava de funestes et visibles conséquences : la stérilité, les maladies infectieuses, la faible natalité de la race. Avis aux partisans et facteurs du divorce dans notre cher pays de France ! Qu'ils laissent là un instant leurs théories et que, avant de les appliquer, ils s'en aillent constater de près les soi-disant bienfaits du divorce, là où il sévit !

---

## VII. — La Naissance

Quand un enfant est sur le point de naître, les femmes du voisinage se réunissent autour de la mère et, convaincues qu'elles aident à la naissance de l'enfant en éloignant les mauvais esprits, elles se démènent, gesticulent, lancent toutes sortes d'objets par-dessus le toit, poussent des cris effrayés. Dès que l'enfant est né, les hommes, à leur tour, chantent et dansent. Autrefois, avant qu'ils aient été désarmés, ils tiraient des coups de feu.

*
* *

Huit jours après la naissance de l'enfant, la mère, suivie des femmes du village, se rend à la rivière voisine. Ses compagnes la reconduisent ensuite à sa case en chantant, puis elles rasent la tête du nouveau-né, ne laissant que quelques mèches de cheveux au-dessus du crâne. Ensuite, la mère prend l'enfant dans ses bras et lui fait faire sept ou huit fois le tour de la case. Des membres de la famille la suivent, en portant, si c'est un garçon, une hache et une corde; si c'est une fille, une corbeille. La hache et la corde signifient que l'enfant aura plus tard le courage et l'autorité nécessaires pour vaincre ses ennemis et pour faire un chef de famille. La corbeille indique que les parents souhaitent à la fillette beaucoup de linge, de bijoux, etc.

*
* *

En outre, la première fois que la mère porte l'enfant au marché, on lui met sur la tête de petits morceaux de viande pris dans la bosse du bœuf; les femmes se précipitent alors et cherchent à enlever un de ces petits morceaux, persuadées que c'est là, pour elles, un gage de maternité prochaine.

Le nom du nouveau-né devient celui du père et de la mère. Ainsi le père de *Vélo* s'appellera *Rainivélo* (père de *Vélo*) et sa mère *Zarinivélo* (mère de *Vélo*).

*
* *

Vers l'âge de 7 ans, l'enfant est circoncis. C'est l'occasion d'une fête qui a lieu après la récolte du riz de saison des pluies et varie d'importance avec la situation de la famille. Les bœufs sont associés à la fête ; on les fait défiler de la case de leur maître jusqu'au lieu consacré à la circoncision.

L'infanticide existe chez les Sakalava et est approuvé.

---

## VIII. — Décès et Funérailles

Les Sakalava ont un profond respect pour leurs morts, et ils le manifestent surtout par le soin qu'ils prennent des sépultures et la pompe de l'ensevelissement. Dès qu'un décès se produit dans une famille, les parents du mort sont convoqués. Ils répondent toujours à l'appel, même si leurs villages sont très éloignés. Les héritiers achètent le « *lambaména* », linceul qui, pour le pauvre, n'est qu'une mauvaise rabane ou même une simple natte, tandis que celui du riche est composé d'une pièce d'étoffe de soie très solide, à l'éclatante couleur rouge et dont le prix est quelquefois très élevé.

Le mort a presque toujours désigné de son vivant l'endroit où il désire être enseveli. Ce lieu est généralement choisi auprès des tombeaux des autres membres de sa famille décédés avant lui; c'est encore là qu'il est placé, s'il a omis de faire connaître sa volonté à ce sujet.

Le site choisi, soit au sommet d'un mamelon d'où la vue s'étend sur les forêts et la campagne chère au défunt, soit à la lisière d'un bosquet, dans un coin de verdure, est toujours très beau; comme si le mort pouvait encore jouir, en dormant son dernier sommeil, des richesses que la nature prodigue autour de son tombeau.

Lorsque tous les membres de la famille appelés pour les obsèques sont réunis, le corps du défunt est enveloppé du linceul, et, s'il appartient à la dynastie des anciens rois ou « *mpanjaka* », il est, en outre, enfermé dans un cercueil fait d'un gros arbre creusé, assez semblable à une petite pirogue. Cette cérémonie, pour les riches, est toujours accompagnée d'une hécatombe de bœufs, et à la mort d'un grand chef, des troupeaux entiers sont ainsi sacrifiés.

*
* *

C'est ensuite la veillée du mort; la durée en est proportionnée à la fortune du défunt; les chefs ne sont inhumés que dans la troisième ou quatrième semaine de leur décès. Tous les soirs, les habitants du village exécutent des danses et des tam-tam qui, si l'eau-de-vie est distribuée avec libéralité par les héritiers, dégénèrent facilement en saturnales. Les parents du défunt portent la tête rasée ou les cheveux ébouriffés, en signe de deuil. Les femmes pleurent et se lamentent, accroupies autour de la case du mort. Du coucher au lever du soleil, on tient compagnie au cadavre, on l'évente pour en chasser les mauvais esprits, on chante, on boit, on hurle ; c'est l'usage qui le veut.

*
* *

Le jour de l'inhumation, le cercueil (un tronc d'arbre pour les riches, et, pour les pauvres, une simple natte) est porté au lieu de la sépulture. C'est le mort lui-même qui est censé conduire le cortège, et il le mène capricieusement, signifiant à ses porteurs de passer devant telle maison, d'éviter telle autre, de s'arrêter brusquement, de courir, d'aller dans tous les sens (*miola*) au milieu des rizières et des mamelons.

*
* *

La fosse est creusée à un mètre de profondeur environ ; le fond est garni de pierres plates, ainsi que les côtés, sur une hauteur de 0 m. 50. Le cadavre est déposé dans la fosse, la tête posée à l'Est ; il est ensuite recouvert d'une couche de cailloux dont les interstices sont bouchés avec la graisse des animaux sacrifiés, afin de lui éviter le contact impur de la terre. La tombe est ensuite complétée par l'édification d'un cube de pierres ayant un mètre de haut et de large sur deux mètres de long.

Sur le tertre, au-dessus de la tête, sont déposés un

bol, un miroir, la tabatière du défunt, puis de petites flèches disposées en éventails; parfois aussi on y dépose des statuettes d'oiseaux, de maison, de canot, de fusil, de crocodile, ou des statuettes d'hommes ou de femmes. Les bouteilles qui ont servi aux libations sont également déposées sur le tertre, tandis que les crânes et les cornes de bœufs sacrifiés sont placés à proximité, sur des pieux ou sur des arbres.

* * *

Les funérailles des chefs de tribu offrent encore certaines particularités. On coupe au cadavre les ongles, les cheveux et la barbe, on lui arrache les dents et l'on enferme le tout dans une boîte généralement en argent. Ce sont là les « *dady* ou *razana* ». On les dépose dans une petite case appelée « *mitahy* », qui ne diffère en rien des autres et où sont disposés en outre un petit lit, des bols et des assiettes; autour du *mitahy* on élève une palissade, et le tout constitue ce qu'on appelle le « *rova* ». Le *rova* contient autant de *mitahy* qu'il y a de reliques de rois différents. Une garde armée, qui forme un petit village autour du *rova*, est chargée d'en défendre l'accès à tout étranger. Une trentaine de bœufs sont parqués à proximité et nul n'a le droit d'en manger, sinon au moment des réparations cérémonielles de la palissade. Lorsque le *rova* a besoin de réparations, le chef des gardiens avertit le roi qui fixe une date : les Sakalava arrivent de toutes parts avec femmes et enfants; on abat les bœufs réservés qui sont remplacés par d'autres; le roi apporte du rhum en grande quantité. Les hommes préparent les pièces de remplacement et les femmes dansent le « *mandrango* », qui consiste à frapper le sol des pieds. On boit, on chante et le travail avance très lentement.

---

## IX. — Les Fêtes

Les Sakalava n'ont pas de fêtes à jours fixes; ils se livrent pourtant à des réjouissances fréquentes, à l'occasion de certains anniversaires, à propos de la circoncision, ou pour fêter le passage chez eux d'un personnage de marque.

Ces fêtes présentent presque toujours les mêmes caractères. Tantôt, ce sont des tam-tam ou battements de tambour appelés « *langorony* » et de grosses caisses, « *ampongabé* », faites d'arbres ceux ; aux extrémités sont tendues des peaux de bœufs. Tantôt, ce sont simplement, rendus à intervalles réguliers, les sons sourds mais puissants d'une conque appelée « *anisoa* », ou d'une trompe faite avec une corne de bœuf. Tantôt encore, ce sont les « *moraingy* », luttes à coups de poing entre deux athlètes, dont le vainqueur est celui qui a terrassé l'adversaire sous le nombre des coups qu'aucun d'eux ne cherche d'ailleurs à parer, partant lutte sans grâce, sans art, dépourvue de tout intérêt, mais qui n'en est pas moins le jeu national des Sakalava. Tantôt enfin, ce sont les seuls chants des femmes, mélopées monotones, composées de deux ou trois phrases qui sont répétées parfois durant des jours entiers, avec les mêmes modulations, et accompagnées du son peu harmonieux de quelques instruments de musique, tels que le « *djédjo* », instrument à cordes dont la caisse de résonnance n'est autre qu'une courge creuse, la « *valiha* », faite d'un morceau de bambou dont on a soulevé quelques fibres, le *hazo maré* et le *sondy*, sortes de flûtes en roseau.

* * *

Les fêtes principales des Sakalava sont celles qu'ils célèbrent pour honorer le souvenir des rois leurs ancêtres.

Toutes les tribus sakalava conservent avec un soin religieux les fragments des cadavres de leurs rois. Ainsi, dans la province du Boéni, à Majunga, il existe des reliques royales à la possession desquelles le pouvoir souverain était attaché.

Ces reliques tombèrent au pouvoir de Radama Ier en 1820, et depuis, les Sakalava du Boéni restèrent fidèles à la dynastie hova ; lors de la conquête française, les Hovas les transportèrent à Tananarive, mais le général Duchesne les fit reporter à Majunga, et nul d'entre les Sakalava du Boéni n'a tenté, depuis, de se soustraire à la domination française.

Ces reliques sont constituées par les ongles, les incisives et les moustaches des quatre premiers rois sakalava du Boéni : Andriamisara, Andriamihanina,

Andriamandrosoarivo et Andrianamboniarivo, qui régnèrent à la fin du XVII^e siècle.

Elles sont placées dans des coffrets en bois du pays, sculptés et ornés d'or et d'argent. Le plus riche coffret est celui d'Andriamisara, le premier ancêtre de la caste royale; il est tout plaqué de dessins sur or et fermé par un filigrane de même métal; ces ornements semblent avoir été faits par des orfèvres arabes. Les quatre coffrets sont alignés sur un lit et enfermés dans une étoffe de satin rouge. Les autres objets sont : deux vieux chapeaux avec feuilles d'argent ciselé, une chaîne lourde, en argent, de cinq mètres de longueur, un fer de sagaie, neuf sagaies avec manches, deux hallebardes, un grand couteau, deux grandes cuillers en fer, quatorze gargoulettes à large goulot, deux marmites en terre noire, sept brûle-parfums en terre cuite, trois chandeliers, quatre assiettes en faïence, un verre, quatre lambas noirs, un grand coquillage, deux tambours sakalava, deux autres tambours enfermés dans une étoffe, l'un contenant une pièce de cent francs, en or, et l'autre, une pièce de cinq francs.

Certains jours de l'année, mais jamais un mardi, un jeudi ni un dimanche, qui sont des jours néfastes, « *faly* », les Sakalava du Boéni s'assemblent et vont, en chantant, parés de leurs plus beaux habits, jusqu'à la case sacrée. Là, les chants cessent, les assistants s'accroupissent et adressent une prière aux vieux rois; les chants et les danses (1) reprennent ensuite pendant qu'on prépare le repas des ancêtres. Ce repas se compose de riz, de viande de bœuf, de graisse fondue et d'eau ; la graisse est consommée en éclairage, l'eau sert aux ablutions du culte et au lavage des ustensiles sacrés. On observe la même coutume en d'autres régions sakalava, à Mahabo, à Betsioka, etc.

## X. — La Justice

La justice civile règle le droit de propriété, le prêt et les successions.

Un Marché à Madagascar

En fait de propriété d'abord, le Sakalava ne con-

(1) Les danses sakalava ont toujours lieu sans le mélange des sexes.

naît que celle de ses animaux domestiques et surtout de ses bœufs.

La propriété foncière et immobilière est tout à fait inconnue. L'habitude de cultiver tous les ans le même terrain rend le Sakalava usufruitier en quelque sorte; il n'est pas le nu-propriétaire, cependant il est considéré comme tel et tout le monde respecte ses droits momentanément acquis; mais un départ un peu prolongé en amène la déchéance immédiate.

*
* *

Les successions sont réglées par une espèce de coutume orale qui veut que tout individu ait le droit absolu de disposer de son vivant de la totalité de ses biens comme il lui plaît. La protection accordée par la loi française aux héritiers directs, les enfants, n'existe pas chez les Sakalava; ceux-ci peuvent être déshérités par le père; en réalité, le cas se présente rarement.

Si le partage n'a pas été fait entre les enfants avant la mort, c'est l'aîné qui hérite de tout ce que possédait le père; ici, le droit d'aînesse est sacré, mais l'aîné donne, en général, au cadet et aux puînés une faible part de l'héritage. A défaut de descendants, les biens vont aux collatéraux, aux frères et sœurs du défunt, et alors la veuve reçoit des héritiers un legs, un cadeau; encore ce cadeau est-il tout facultatif. Si enfin le défunt n'a aucun parent, son patrimoine devient la propriété du chef du village où il est mort

Se présente-t-il, par la suite, un membre de la famille ? Si éloigné qu'il puisse être, ce parent reçoit du chef la moitié des biens; celui-ci garde l'autre moitié.

*
* *

De tout temps, le prêt a été fort en usage chez les Sakalava. Les garanties données par l'emprunteur sont nombreuses et toujours remises au prêteur : tantôt ce sont des bœufs, tantôt même des enfants, autrefois des esclaves, et ces gages qui, en principe, sont d'une valeur ou d'une utilité supérieure à celle de la chose prêtée, retournent à l'emprunteur, quand il a rendu cette dernière; si, toutefois, il ne la restitue pas dans le délai déterminé par un certain nombre de lunes (mois), le nantissement devient la propriété de celui qui a prêté.

Pour ce qui est de la justice répressive, elle était basée, avant l'occupation française, sur les principes suivants. Il n'existait aucune classification d'infractions en crimes, délits ou contraventions; un délit était un délit, « *lato sensu* ». Quant à la tentative, elle était toujours regardée comme l'infraction elle-même et punie de la même peine.

La légitime défense était admise. Aucune circonstance atténuante ne pouvait être invoquée en faveur de l'accusé pris sur le fait.

*
* *

En droit, les seules peines appliquées étaient la mort et la confiscation des biens. Le coupable était exécuté, coupé en morceaux et donné en pâture aux chiens. Celui qui, en raison du peu de gravité de l'infraction commise, n'était pas passible de la peine de mort, était mis au ban de la population, ses biens étaient confisqués et personne ne devait lui adresser la parole.

*
* *

Il n'y avait qu'une juridiction, celle des *mpanjaka*. La procédure était simple. Quelques hommes, par village, étaient chargés de recueillir les renseignements; tous, parents, amis, alliés, esclaves même étaient admis à témoigner. S'il était jugé nécessaire, l'accusé était soumis à la question, qui revêtait une double forme, l'épreuve du « *doborano* » et l'épreuve du « *tangéna* ».

Le « *doborano* », ou l'épreuve de l'eau bouillante, était employé pour démontrer l'innocence ou la culpabilité d'un prévenu qui ne pouvait présenter, pour sa défense, les dépositions de témoins. Cette pratique avait lieu ordinairement lorsqu'une femme accusée d'être « *mpamorika* », sorcière, voulait se laver de cette accusation et se rendre « *madio* », pure, aux yeux des habitants. Le sujet trempait vivement sa main dans une marmite d'eau bouillante; s'il l'en retirait sans traces de brûlures, il était proclamé innocent, et les accusations qu'on lui imputait demeuraient sans fondement.

Le « *tangéna* », ou l'épreuve du poison, était pratiqué aussi sur les inculpés. Le *tangéna* est un arbre dont les fruits possèdent des propriétés vénéneuses. On réduisait les fruits de l'arbre en poudre, puis l'accusé en absorbait une certaine quantité dans un verre d'eau; s'il vomissait, l'assistance le déclarait innocent; si, au contraire, le poison faisait son effet et tuait l'accusé, celui-ci était reconnu coupable et sa famille devait réparer le dommage qu'il avait commis.

Voilà la théorie du droit criminel; mais dans la pratique, étant donné que beaucoup de villages se faisaient la guerre entre eux, étant donné que le pillage, le vol, le meurtre faisaient partie des mœurs, il était absolument impossible que la justice fût rendue d'une façon quelconque. Aussi, la seule justice usitée était généralement celle que se rendaient à eux-mêmes, par la vengeance personnelle, les individus lésés, et la seule peine appliquée, en fait, la peine du talion.

---

## XI. — La Religion

Les Sakalava croient à l'existence d'un Dieu suprême, unique, nommé « *Andriamanitra* » et plus généralement « *Zanahary* ». Ce Dieu jouit d'un pouvoir immense; c'est le Créateur de toutes choses et tout ce qui vit a son origine en Lui.

Tous les ans, les Sakalava adressent à *Zanahary* des prières pour obtenir sa protection contre les épidémies, les sauterelles, les brigands, la sécheresse, pour avoir de bonnes récoltes et réussir dans leurs entreprises. Cette cérémonie est le « *mangataka* », pour lequel ils choisissent un arbre, situé, autant que possible, sur le sommet d'une colline. Au pied de cet arbre, ils plantent un roseau surmonté d'un chiffon blanc et déposent leur offrande : riz, miel, alcool et terre blanche; pour le miel et l'alcool, au moment où ils l'offrent à Dieu, ils en laissent tomber à terre une petite partie et boivent le reste.

Les vœux sont aussi portés à la divinité sous forme de sacrifices soit d'un bœuf, soit d'un coq, soit d'un objet matériel quelconque.

Les Sakalava ont aussi le culte des pierres sacrées ou pierres debout : « *tsangambato* ». Ce sont de hautes pierres, polies et plantées dans le sol, pour la consécration desquelles un bœuf, marqué de taches blanches, est immolé. Son sang est versé sur la pierre, au-dessus de laquelle l'opérateur met une pièce d'argent et plusieurs espèces de perles. Puis, celui-ci demande aide et protection au Dieu Créateur et à ses ancêtres. C'est ainsi que la pierre devient sacrée et qu'elle est censée renfermer une vertu supérieure. Les Sakalava ont une grande confiance en l'efficacité des prières faites devant ces sortes de pierres.

Autour de Zanahary, gravitent une série de dieux inférieurs, ayant chacun une fonction particulière. Ceux-ci sont des esprits bons ou mauvais; on peut se les rendre favorables par des talismans et par des pratiques bizarres ordonnées par les *ombiasy* ou devins, qui sont la plaie du pays et le plus grand obstacle à notre action civilisatrice.

Quant à Zanahary, il plane au-dessus des destinées humaines, recueillant les âmes des morts qu'Il distribue par tout l'univers et dont il peuple arbres, prierres, lacs, forêts, etc. Ainsi, l'homme se meut au milieu des esprits, et son existence serait impossible sans l'intervention des sorciers et des devins, des évocateurs de l'esprit et surtout sans la bienfaisante action des mânes des ancêtres qu'il faut honorer par le culte de leur mémoire et la conservation de leurs tombeaux.

Les Sakalava croient donc à l'immortalité de l'âme et attribuent une puissance surnaturelle aux esprits des morts qu'ils invoquent fréquemment. Souvent, ceux-ci viennent tourmenter leurs descendants vivants, qui les apaisent et leur demandent des faveurs en déposant des offrandes et des aliments sur leurs tombeaux.

Les grands ancêtres sont les « *Vazimba* » et les « *mpanjaka* ». Les Vazimba étaient les premiers habitants de Madagascar, mais leur race, paraît-il, a complètement disparu. Ils ont leurs tombes isolées, de ci de là, sur le sommet des montagnes : ce sont des rectangles construits en pierres plates, dressées et placées les unes à côté des autres. Quant aux « *doamy* »,ou cimetières royaux, nous en avons déjà parlé.

## XII. — La Morale

Telles sont les croyances religieuses des Sakalava. Quant à leur morale, elle est restée indécise ou, pour mieux dire, primitive et rudimentaire. La croyance en Dieu et aux génies bons ou mauvais n'influe guère sur leurs mœurs publiques ou privées, sur la conduite générale de leur vie. Dieu, ils le relèguent très haut dans le ciel, et quant aux âmes des ancêtres, aux esprits divers qui peuplent le ciel et la terre, ils ne se préoccupent guère de leur demander des leçons ou des exemples de vertu.

*
* *

Le Sakalava est ce qu'il est et reste tel, fier, indépendant, superstitieux, et avec cela passablement dédaigneux du travail de la terre; il a lutté avec courage contre nous, et il a fallu de longues années pour venir à bout des petites bandes insoumises qui infestaient la contrée. Si le pays est maintenant pacifié, si le pillage n'existe plus, si les vols diminuent de jour en jour, c'est bien plutôt à la crainte des répressions administratives qu'au sentiment de l'honneur qu'il faut l'attribuer. Pourvu que le Sakalava évite de se déconsidérer auprès des siens par des défauts trop choquants qui lui aliéneraient des amitiés et lui attireraient des reproches, cela suffit.

*
* *

Serait-il vrai de dire, cependant, qu'il est sans

morale ? Non, car il a le sentiment inné et instinctif de la justice, uni à une certaine impulsion vers le bien et à une certaine aversion du mal; ce que nous avons dit précédemment de l'institution de la famille, de la propriété, de la justice, en un mot de l'organisation sociale en pays sakalava, l'indique clairement.

Et il n'y a pas que la conscience et la loi naturelle qui servent de base, chez les Sakalava, à ce qu'il y a de juste et d'honnête, c'est-à-dire à la morale, il y a aussi des coutumes positives, il y a l'institution de l'interdit sacré, il y a le tabou sakalava.

Le terme spécial pour rendre l'idée de tabou en pays sakalava est « *faly* ». Ce mot désigne ce qui est sacré, prohibé, incestueux, de mauvais augure, dangereux; son équivalent latin serait *sacer*. Dès que le tabou atteint un objet ou un acte, cet objet est sorti, abstrait du domaine commun, cet acte est rayé de la vie quotidienne.

En pays sakalava, comme partout ailleurs chez les peuples non civilisés, le tabou est non seulement un des éléments importants de la vie sociale, mais c'en est, en beaucoup de cas, le pivot, car il protège non seulement le groupe humain total représenté par son chef, mais encore chaque individu séparé et chacun des groupements secondaires : enfants, adultes, vieillards, familles, sexes, classes, malades, morts, sorciers, esprits, dieux; il intervient partout comme un régulateur. Il règle l'existence quotidienne du chef de la tribu comme celle du roturier; il décide du genre de vie de l'enfant qui vient de naître et de la parenté; il élève des barrières entre les jeunes gens, limite ou nécessite l'extension territoriale de la famille; il règle la manière de travailler et répartit l'ouvrage; il dicte le menu; il isole le malade, écarte les vivants des morts; il conserve au chef sa puissance, au propriétaire son bien; il assure l'efficacité du remède et de l'amulette ainsi que la perpétuité des formes des actes rituels.

*
* *

Le mot *faly* ne s'applique pas seulement aux objets et aux actes, mais encore aux personnes. Tout chef, roitelet, souverain sakalava est un être *saint* aux yeux de ses sujets; le vulgaire attribue naïvement la création du monde à ses ancêtres et les appelle : *Dieu sur la terre, Zanahary an-tany*. Il est à remarquer que bien que les meurtres fussent très fréquents chez les Sakalava avant l'occupation française, on ne signale pourtant aucun régicide, aucun attentat sur la personne d'un roi ou d'une reine sakalave. Les Sakalava pensent que leurs chefs ne meurent jamais, mais qu'ils vont vivre ailleurs d'une autre existence où, grâce à leur rang, ils deviennent les médiateurs de Dieu.

Quand un étranger, arrivant dans un village, était reçu par le roi, celui-ci ne lui adressait la parole que par l'intermédiaire du « *Fahatélo* », héraut.

Tout ce qui appartient aux chefs est regardé comme leur propriété spéciale, qu'il est interdit de mêler à ce

Un Ancien Roi Sakalava

qui appartient à la masse du peuple; tous les objets à leur usage ont quelque chose de sacré et ne doivent pas être touchés à la légère. La natte sur laquelle un chef s'asseoit quand il est chez lui, ne peut être foulée du pied, mais doit être soulevée, quand on passe.

Les Sakalava du Ménabé, province du Sud, étaient jadis soumis à des tabous de l'observance desquels était censée dépendre la vie de leurs chefs; la pénalité était la mort et les biens des contrevenants revenaient au roi. Ainsi, porter un « *laona* », mortier en bois où l'on pile le riz, était *faly*; on devait rouler le *laona* et non pas le porter; quiconque portait cet ustensile était accusé d'en vouloir à la vie du maître. Cette défense provenait de ce qu'un fils de roi des temps anciens, en ayant volé un à un Sakalava, l'emporta sur son dos en le cachant sous son lamba; mais le mortier était lourd, il blessa le jeune homme qui en mourut; d'où l'interdiction, à l'avenir, de porter les mortiers.

De même, il est strictement interdit de porter les cheveux ras, parce que les Sakalava se coupent leurs longs cheveux à la mort du roi; porter les cheveux ras, « *mibory volò* ou *mibory loha* », c'est donc vouloir la mort du roi ou affirmer qu'on ne prendra pas le deuil.

Il est aussi *faly* de planter le *tanantanana* (pignon d'Inde). Un roi des temps anciens fut poursuivi un jour par un bœuf furieux; le roi, pour lui échapper, grimpa sur un pignon d'Inde qui se brisa sous son poids; après plusieurs essais du même genre, tous aussi infructueux, le roi appela à son secours son peuple qui le sauva; en mémoire de quoi le roi maudit le pignon d'Inde et défendit d'en planter.

Tous ces tabous étaient religieusement observés, car la vie du roi dépendait de leur violation.

*
* *

De tous les tabous sakalava qui règlent la manière d'être des sujets vis-à-vis de leurs chefs, les plus curieux sont sans contredit les tabous linguistiques, soit qu'ils se rapportent au chef de son vivant, soit qu'ils se rapportent au chef après sa mort.

Les chefs sakalava éprouvaient une grande aversion à voir des noms ou des mots ressembler par leur son soit à leur propre nom, soit à ceux des membres de leur famille, c'est pourquoi ils interdisaient l'emploi de ces noms. De même, il y avait des expressions particulières pour parler du chef et le saluer; les diverses parties de son corps et ses moindres actes étaient désignés par des noms et des verbes étrangers à la langue commune, mots qui forment un vocabulaire à part appelé : « *vola faly* », mots sacrés, ou « *vola n'ampandzaka* », mots princiers.

D'un chef qui est malade, on dit qu'il est « *brûlant* », et dès que ses sujets apprennent qu'il est brûlant, ils lui envoient des présents; quand il est mort, on dit que le pays est « *brisé en morceaux* ». En parlant d'un roi ou d'une reine et des objets à leur service, on ne dira pas par exemple « *rano* », mot commun qui signifie eau, mais « *mahétsaka* »; on ne dira pas « *volo* », cheveu, on doit dire *maramara*, etc.

La coutume de tabouer le nom du chef après sa mort est générale chez les Sakalava. Le principe est celui-ci : une fois le chef mort, on interdit de prononcer son nom, qu'on remplace par un autre nom commençant toujours par « *Andrian* » (prince) et se terminant généralement par « *arivo* » (mille). De plus, tous les noms ordinaires identiques au nom taboué sont également interdits. La reine sakalava *Taosi* reçut après sa mort le nom de *Andriantangianiarivo*, « la Princesse-regrettée-de-mille »; un chef du nom de *Raimosa* fut appelé *Andriamandioarivo*, « le Prince-qui-en-purifie-mille »; la reine *Tsiomého*, de Nossi-Bé, étant morte, les mots *omé*, *manomé*, *fanomézana* (donner, don) devinrent faly; c'est pourquoi on ne dit plus, par exemple : « *oméo rano aho* », donnez-moi de l'eau, mais « *toloro mahétsaka aho* », présentez-moi du mouillant. En principe, ces mots taboués ne sont que pour un temps déterminé, deux ou trois années tout au plus; parfois cependant, par suite de l'habitude contractée, ils persistent dans le langage courant.

*
* *

La vie d'un roi sakalava est également réglée par des tabous qui limitent étrangement son apparente omnipotence. Il doit prendre garde de ne pas violer les « faly », fixés par la coutume (« *lilin-draza* ») il est tenu en lisière par une foule de sujétions qui règlent sa conduite journalière; il ne peut entreprendre quoi que ce soit sans que les devins aient déclaré le sort favorable; certains jours, il ne peut sortir de sa case, ou bien il ne peut voyager en mer ou passer tel fleuve. Il est tenu de ne rien changer, dans la construction de sa maison, aux coutumes des ancêtres.

Si le pays vient à souffrir d'une calamité, on considère généralement que la faute en est au roi ou à quelque autre membre de la famille royale qui aurait transgressé les lois des ancêtres, c'est-à-dire les coutumes; il a probablement construit une maison trop grande, mangé ou bu des choses défendues.

Bien qu'il soit dangereux pour n'importe qui de violer la coutume, c'est au roi tout spécialement à prendre garde de ne pas le faire; si une violation de la coutume par un Sakalava ordinaire fait descendre la vengeance des ancêtres sur une famille entière, combien plus sûrement une pareille violation par le roi n'amènerait-elle pas le malheur et la misère pour la nation tout entière ! Car ce sont les ancêtres eux-mêmes qui sont regardés comme les gardiens des lois et coutumes, qui en soutiennent l'autorité sacrée et qui sont toujours prêts à punir, comme il convient, le violateur et ses parents.

*
* *

Tout ce qui est interdit pour les ancêtres l'est également pour leurs descendants, qui doivent tenir compte du *lilin-draza*, lequel date de la plus lointaine antiquité. Ainsi, la coutume est religieuse dans son principe; or, à crime religieux, punition religieuse. Quiconque transgresse le *lilin-draza* en est puni par les ancêtres, c'est-à-dire surnaturellement, et ce n'est pas le criminel seul qui est responsable, mais bien toute sa parenté naturelle ou adoptive, mais bien toute la tribu, si c'est le roi en personne qui a contrevenu aux coutumes des ancêtres. Le crime religieux est donc en même temps social, et ceci explique le fait de la déposition des rois, dans certaines tribus malgaches, quand il survenait une calamité publique, quand, par exemple, la récolte du riz venait à manquer. On voit par là combien chez les non-civilisés, l'élément religieux et l'élément civil sont intimement mêlés, et qu'il est très vrai de dire que les sociétés non civilisées sont proprement des sociétés religieuses. C'est là une constatation qui a été faite déjà pour un très grand nombre de peuples; il n'est pas inutile de la faire pour les Malgaches.

*
* *

Il existe chez les Sakalava, comme on l'a vu déjà, une division en clans et en castes. Les Sakalava de l'intérieur se nomment *MASIKORO* et s'adonnent à la chasse, à l'élevage, à l'agriculture.

Les Sakalava de la côte sont plus spécialement pêcheurs, on les nomme *VEZO* ; tous ont, d'une manière générale, les mêmes croyances, célèbrent les mêmes cérémonies, ont la même organisation politique.

Les Sakalava du Boéni, de l'Ambongo du Bémaraha, du Ménabé et les *ANTANKARANA*, qui ne sont qu'une variété de Sakalava, bien qu'ils portent un nom différent, forment aussi des clans à part.

Dans chaque clan, il y a trois castes : la caste des nobles (rois, princes du sang royal et nobles ordinaires), la caste des roturiers et celle des esclaves. Chacune de ces divisions a sa place marquée dans les assemblées : les nobles se rangent autour du roi; les roturiers se placent à une distance respectable, et les esclaves devaient se tenir au dehors.

Chacune de ces castes contient à son tour un certain nombre de groupements dont les attributions sont réglées par des tabous. Les *Tsiarana* ont seuls le droit d'immoler les bœufs sacrifiés en l'honneur des rois et reines qui meurent; les *Andraramaiva*, celui de porter les coffrets où l'on conserve les reliques royales ; les *Jongoa*, celui de porter en terre les cadavres des rois; les *Morarivobé* sont les gardiens des tombeaux royaux, ils ont seuls le droit de brûler des parfums dans les cérémonies cultuelles; enfin, les *Morarivokély* sont chargés de préparer les repas des rois vivants, et pour la cuisson des aliments, les rois n'ont confiance qu'en eux. La constitution de ces castes différentes avait pour but, avant tout, d'empêcher la transgression des tabous de tout ordre attachés au roi et à la famille royale.

Chez les Sakalava, comme ailleurs, on trouve une séparation et une division du travail entre les sexes.

Les hommes construisent les maisons, se procurent la nourriture végétale et animale, préparent les terres à riz et discutent les affaires publiques; les femmes, elles, tissent les étoffes en fibres de raphia, arrachent les mauvaises herbes des champs, décortiquent et cuisent le riz. Quand bien même la femme serait exténuée, le mari ne voudrait, pour rien au monde, décortiquer le riz, aller chercher de l'eau ou faire le feu; tout cela est regardé comme *faly* pour l'homme.

C'est aux hommes à traire les vaches, mais ils doivent toujours se laver les mains auparavant, et le vase dans lequel on trait ne doit pas servir à d'autres usages. C'est aux femmes à laver la calebasse ou l'assiette où mange le mari, mais celui-ci doit toujours laisser quelque chose au fond des ustensiles, sans quoi il offense sa femme, et celle-ci refuse de les laver.

Chez les Sakalava du Sud, l'homme a sa porte d'entrée et de sortie à l'Est de la case et la femme à l'Ouest.

*
* *

Il est interdit, comme il a été dit plus haut, de se marier entre parents; ou bien il faut offrir un sacrifice à Dieu et aux ancêtres; on plante alors un « *hazomanitra* (1) » commémoratif, et les époux mangent

(1) Cannelier, *cinnamomum aromaticum*.

ensemble le cœur du bœuf sacrifié; c'est donc une cérémonie de levée d'interdit.

*
* *

Un grand nombre de tabous règlent la vie quotidienne de l'enfant. En règle générale, tout enfant né un jour *faly*, c'est-à-dire dangereux, est lui aussi *faly*, dangereux, et par conséquent indigne de vivre. Ces jours néfastes varient avec les familles et les tribus; certains jours sont regardés comme néfastes à la suite de quelque malheur ou de quelque calamité dont a été victime la familleou la tribu. En ce cas, c'est-à-dire lorsque l'enfant naît un jour *faly*, on doit, pour éviter la contagion du malheur, soit mettre l'enfant à mort (ce qui arrive assez souvent, maintenant encore, à l'insu de l'administration française, bien entendu), soit l'abandonner dans la forêt, soit le soumettre à une épreuve, en le plaçant, par exemple, à l'entrée du parc à bœufs, lorsque ceux-ci rentrent le soir, soit enfin charger un sorcier d'incorporer le danger dans un objet qu'on détruit ensuite par le feu ou par l'eau.

*
* *

Un peu partout à Madagascar, on rencontre sur les chemins, on voit dans les champs de longs bâtons surmontés d'un chiffon ou d'un paquet d'herbes : ce sont des *kady*, plantés là pour indiquer que le terrain, la récolte sont réservés et qu'il est *faly* de pénétrer sur le terrain en question. Ici, nous voyons l'institution du tabou servant de contrepoids à un autre phénomène social, celui du vol. Le vol, chez les Sakalava, était autrefois une véritable institution; des villages entiers étaient peuplés d'individus dont l'unique métier était de voler les récoltes et surtout les bestiaux. Le vol était regardé comme un excellent moyen de s'enrichir; toute chose obtenue par le vol était proprement un don de *Andriananahary* (le Dieu Créateur); ce n'était pas l'acte de voler qui était répréhensible, mais la maladresse. C'est ainsi que les enfants Sakalava peuvent voler sans encourir de punition; ils sont, par contre, punis pour tout vol qui est découvert. Aussi, pour s'opposer à un acte que les Sakalava estimaient approuvé par la divinité, les moyens ordinaires ne suffisaient pas; il fallait à la défense une portée religieuse, ce devait être un *faly*.

* * *

Le sol des cimetières, et d'une manière générale de tous les endroits où se trouvent des tombes réelles ou supposées, est protégé par le *faly* contre l'étranger. Le *faly* s'attache à des montagnes, à des forêts, à des lacs, à des rochers, à la mer, etc. On connaît des îles entières qui sont tabouées, exemple : Nossi-Faly, à quelque distance de Nossi-Bé, de même Bérofia, Antanifaly, sur la côte sakalava.

* * *

Les *faly* du moment, du jour, d'une fraction d'année

existent aussi en pays sakalava ; la qualité du jour se transmet aux actes et aux personnes. Le mardi et le jeudi surtout sont jours *faly*; jamais les Sakalava ne se mettront en route et ne travailleront ces jours-là ; aussi, quand il s'agit d'un travail important, de cultiver un champ de riz ou de manioc, par exemple, choisit-on un jour heureux et tout le village s'y met, hommes, femmes, enfants, et le travail est joyeusement terminé avant que la chance ait tourné.

*
* *

Pour ce qui est des tabous alimentaires, ils sont des plus variés et des plus nombreux. Tous les Sakalava tiennent pour sacré un animal quelconque, qui varie selon les familles. Ils n'adorent pas cet animal, mais ils n'en mangent pas, dans la crainte de mourir et parce que leurs ancêtres n'en ont jamais mangé; et ce faly se transmet de père en fils.

D'où vient cette croyance ? C'est ce que les Sakalava ne peuvent expliquer : c'est la coutume des ancêtres, vous diront-ils, et rien de plus.

On voit des Sakalava qui ne connaissent pas le goût du porc ou du poisson, d'autres qui n'ont pas le droit de manger de volaille ou de boire d'alcool, de rhum, d'absinthe; il en est même pour qui le riz est interdit et qui vivent uniquement de patates et de manioc.

Il n'y a pas de singes à Madagascar, mais seulement des lémuriens. Chez les Sakalava du Nord, les *Antan-*

Lémurien, propithecus coronatus

*karana*, il est faly de tuer un lémurien ou d'en introduire le cadavre dans un village, parce qu'autrefois ces animaux étaient des hommes et que leur ancienne humanité peut encore se reconnaître, au moment de leur mort, dans le regard plein de reproches avec lequel ils fixent leur meurtrier et dans les mouvements saccadés de leurs bras, tout à fait semblables à ceux d'un homme mourant.

Le porc et le chien sont regardés comme *faly* par beaucoup de Sakalava; le chat est taboué pour les Sakalava du Sud, mais il ne l'est nullement pour les Sakalava septentrionaux.

Quoique très riches en bœufs, les Sakalava, autrefois, ne les tuaient qu'à l'occasion de cérémonies religieuses, et ainsi l'élevage des animaux de race bovine avait une origine et une raison d'être purement religieuses.

Il y a quelques années, on déterra, en construisant une route de Tananarive au Ménabé, le cadavre d'un bœuf enveloppé d'un « *lambaména* », linceul en soie rouge. Or, on sait que le *lambaména* est réservé aux nobles. En parlant des bœufs, les Sakalava ont un langage spécial et très varié, surtout en ce qui concerne les couleurs et les formes extérieures. Quand on veut être poli et traiter noblement son interlocuteur, on l'appelle taureau, « *aombilahy* », et quand on veut dire de quelqu'un qu'il est un fils de famille et non un esclave, on dit : « c'est un jeune bœuf « *anak'omby* ». Les Sakalava de la région du Sambiràno avaient encore, il y a quelque dix ou douze ans, comme divinité protectrice, un taureau noir gardé par une centaine de fanatiques dans un « *mahaboty* » (lieu sacré entouré d'une double enceinte de poteaux), dans l'île de Nossi-Bé. Chaque année, dans les premiers jours de la lune de janvier, la reine Binao traversait le bras de mer et venait s'installer, pour plusieurs jours, dans l'île. Arrivées devant le *mahaboty*, la reine et sa suite faisaient des prières ; puis on immolait un bœuf ; tous les assistants défilaient devant l'animal mort et lui passaient la main dans les poils. Cette cérémonie suffisait pour conjurer toute maladie durant le cours de l'année qui commençait. Pour chasser les mauvais esprits, on répandait le sang du bœuf autour du *mahaboty* et l'on mangeait sa viande en un grand repas. Lorsque le taureau venait à crever de sa belle mort, les Sakalava lui substituaient un autre taureau non moins noir et non moins immortel. Ces divers renseignements font assez voir le caractère sacré du bœuf chez les Sakalava.

Ils ont le serpent, surtout le « *fandréfiala* », sorte de petit python, en grande horreur, mais ils se gardent bien de le tuer. Quand un Sakalava du Sud rencontre un serpent en travers de sa route, il rentre aussitôt chez lui, convaincu qu'il échouerait dans le but de son voyage.

Les crocodiles inspirent à presque tous les Malgaches une crainte superstitieuse ; ils pensent, en général, que les crocodiles ne mettent jamais à mort les personnes innocentes; ils les regardent comme doués d'intelligence et détenteurs de la vérité cachée. Les Sakalava de l'extrême Nord pensent que l'âme des chefs passe dans les crocodiles; ceux du Boéni ne tirent jamais sur eux. L'ordalie par le crocodile est des plus répandues chez les Sakalava. Les dents de crocodile et de sanglier, les cornes de chèvre sont des amulettes très recherchées.

L'anguille est faly ou tabouée pour un grand nombre de Sakalava ainsi que le homard.

*
* *

Disons en terminant cette liste des tabous animaux chez les Sakalava, qu'on ne trouve chez eux aucune des caractéristiques du totémisme vrai : le clan ne porte pas le nom de l'animal taboué; cet animal n'en est pas le protecteur attitré ni constant; il n'y a pas de rites d'initiation, pas de représentations du totem soit comme armoiries, soit en signe d'alliance et de protection mutuelles.

*
* *

Les Sakalava ne regardent pas les maladies ni la mort comme des phénomènes naturels; les causes en sont toujours extra-naturelles. Ils attribuent les maladies et la mort tantôt à l'action de puissances malfaisantes, comme les esprits des morts, à des êtres qui personnifient les maladies, aux porteurs de charmes puissants, aux sorciers; tantôt on les regarde comme automatiquement produites par le contact avec un être ou un objet faly, ou par l'accomplissement d'un acte faly, autrement dit par la violation d'un tabou. La maladie du corps n'est pour le Sakalava que le symptôme d'un mal interne plus grave, résultant de l'accomplissement d'un acte taboué. C'est l'impureté sacrée. Aussi, les différents rites de guérison et de purification n'ont-ils pour but que de délivrer le malade de l'impureté acquise par contagion; cela une fois obtenu, les symptômes morbides (blessure, douleurs d'entrailles, fièvre, lèpre, etc.) doivent disparaître d'eux-mêmes.

Cette manière de voir des Sakalava s'exprime très nettement dans les différentes phases d'une curieuse cérémonie qu'on nomme « *salamanga* ou *bilo* ». A proprement parler, le *bilo* est une sorte d'échafaudage qu'on trouve dans tout village sakalava de la côte ouest. C'est une plate-forme fixée à une hauteur de trois ou quatre mètres au-dessus du sol par de longues perches. On amène le malade sous la plate-forme, sur laquelle il doit grimper à l'aide d'une grossière échelle et où il doit rester depuis le matin jusqu'au soir. Le traitement dure huit jours. Le sorcier-guérisseur délègue, auprès du malade, quelqu'un qui doit rester auprès de lui, lui préparer sa nourriture et veiller à ce qu'aucun faly ne soit violé : par exemple, les plats servant au malade ne doivent pas toucher la terre. C'est pourquoi l'aide du sorcier les présente au malade sur le plat de la main, puis les accroche à une des perches-supports. Si quelqu'un touche à ces plats, le malade a droit à une indemnité; il pourra réclamer au délinquant sa sagaie, son fusil ou toute autre chose. Et comme, pendant toute la durée du traitement, le malade est taboué, il s'agit, au bout de huit jours, d'accomplir d'autres rites pour le détabouer. A cet effet, le malade, ou, s'il est trop faible pour se lever de sa couche, son frère ou un proche parent, prend son lamba et fixe une petite clochette à un coin de l'étoffe; en même temps, tous les habitants du village, en habits de fête, battent des mains. On a pris soin de se procurer au préalable un bœuf tout noir; seuls, le front et la houppe de la queue doivent être blancs. La clochette attachée, on amène le bœuf; le malade frappe, sans dire un mot, la bête entre les yeux, avec un bâton que lui a donné le sorcier. Aussitôt, tous les assistants se précipitent sur l'animal, et le jettent à terre; on couche la bête près du malade; celui-ci s'adresse au bœuf et lui demande la santé. Cependant, un proche parent du malade a apporté de l'hydromel; il en fait tomber quelques gouttes sur l'animal auquel il lave ensuite la face, le dos et la queue. L'hydromel qu découle est recueilli et chacun des assistants en reçoit un peu. On en humecte aussi les lèvres du malade. Alors le frère de celui-ci ou son plus proche parent monte sur la plate-forme et lui verse d'en haut, sur la tête, un peu d'hydromel; puis il dépose sur la plate-forme le bâton dont le malade s'était servi. Cet acte détermine le détabouage; le malade n'est plus *faly* et chacun lui serre la main. On abandonne le *bilo* à la pourriture, car un *bilo* ne peut servir deux fois.

Cette cérémonie est usitée partout en pays sakalava, cependant elle diffère un peu dans les détails suivant les régions. Chez les Sakalava maritimes, la levée de l'interdit s'obtient en plongeant le malade dans la mer; chez les Antankarana, on amène deux bœufs, on transporte la maladie dans l'un, et l'on sacrifie l'autre.

Partout cependant, les différents actes de la cérémonie sont les suivants : 1° isolement du malade au moyen de l'échafaudage, des ustensiles, de l'aide-délégué et des faly de toutes sortes; 2° transport de la maladie par l'intermédiaire d'un bâton consacré, dans un bœuf consacré; 3° purification (annulation du tabou) par des aspersions et des onctions.

Les remèdes usuels préparés par les sorciers-guérisseurs (*ombiasy*) ont souvent par eux-mêmes une vertu curative réelle; cependant, aux yeux des Sakalava, ces remèdes n'agissent pas par eux-mêmes, ils ne valent que par l'intervention magique de l' « *ombiasy* », sorcier, et par la vertu des *faly* qui les accompagne. Tous ces tabous médicaux portent le nom générique de « *faratra* »; ce sont des interdictions de ne pas manger de tel ou tel animal, de ne pas sortir au soleil, etc. Chaque maladie paraît avoir ses faly spéciaux.

Les Sakalava attachent une idée de souillure, d'impureté contagieuse à un cadavre humain; tous ceux qui se sont trouvés en rapport avec le cadavre, les parents du défunt, les assistants aux funérailles sont frappés du tabou et doivent se purifier avant de reprendre le cours ordinaire de la vie. Les Sakalava jettent les ustensiles qui appartenaient au mort et délaissent la maison; parfois même, ils abandonnent le village.

Ainsi qu'on le voit, la vie quotidienne des Sakalava est enserrée dans un étroit réseau de superstitions et de vaines observances, qui dérivent nettement d'une idée de préservation morale, religieuse, hygiénique, sociale.

*
* *

Ils ont aussi des superstitions d'un autre genre; par exemple, ils croient à l'existence d'un animal fantastique nommé « *songomby* », qui ressemble à un mulet de haute taille. Toutes les fois que cet animal s'offre à la vue d'une personne, celle-ci meurt quelques jours après.

Une autre superstition est encore celle du « *Kalanoro* », tout petit personnage, un nain de 0 m. 50 à 0 m. 60 de hauteur, d'humeur folâtre et débonnaire, qui se montrerait aux humains par les beaux clairs de lune, revêtu seulement de sa longue chevelure. Son apparition est considérée comme un heureux présage.

Si l'un des vôtres est mort sans sépulture, si, par exemple, il a été dévoré par un caïman, vous pouvez rappeler la chance sur son âme errante, inapaisée. Hissez une grosse pierre au sommet de la montagne, immolez un bœuf, livrez-vous aux réjouissances habituelles des funérailles en pays malgache, et l'âme de votre parent ou ami aura trouvé le repos.

## XIII. — Devins et Sorciers

Les devins « *ombiasy* ou *mpisikidy* » sont connus dans toute l'île; ils sont à la fois prêtres et médecins.

Un ombiasy ou devin Sakalava

Comme prêtre de la religion sakalava, l'*ombiasy* prononce les prières, offre les sacrifices et connaît les formules et les incantations qui ont le pouvoir d'appeler les esprits bienfaisants et de chasser, au contraire, les mauvais sorts. Il sait aussi prédire l'avenir et tirer les « *sikidy* ».

Les *sikidy* sont des graines plates, de couleur brune et de la grosseur d'une pièce de cinquante centimes. Le devin les place à terre, les groupe de différentes façons qu'il modifie suivant des règles que lui seul connaît, et opère à peu près de la même façon que nos tireuses de cartes. Les *sikidy* ont une influence capitale dans la vie du Sakalava, qui ne fait rien de sérieux, n'entreprend aucun long voyage avant de les avoir consultés.

Comme médecin, l'*ombiasy* indique le traitement des maladies et prépare les remèdes. Appelé près d'un malade pour lui prodiguer ses soins, il interroge tout d'abord les *sikidy*, dont les présages bons ou mauvais font connaître la gravité du mal. Dans le premier cas, le traitement commence aussitôt. Il consiste dans l'absorption par le malade de tisanes faites avec de simples herbes dont le sorcier a le secret. Si, au contraire, les *sikidy* ont donné des signes de mauvais augure, le devin les recouvre de cendres et de fragments d'os de bœuf frottés, au préalable, contre la tête du malade, puis ce mélange est enterré au pied d'un arbre. Quelques jours après, les *sikidy* sont de nouveau consultés; si leur pronostic n'a pas changé et si... le malade n'est pas mort, le devin recommence l'opération, jusqu'au jour où il obtient un augure satisfaisant; dès lors, il emploie les remèdes indiqués dans le premier cas. Il y a aussi la cérémonie du *salamanga* ou *bilo*, dont nous avons parlé plus haut.

Les soins donnés par le devin sont, bien entendu,

toujours rétribués. Avant la première consultation, il prélève un faible salaire qui ne subit aucune augmentation, si l'état du malade ne s'améliore pas ; en revanche, si celui-ci guérit, il doit offrir un gros cadeau, trois ou quatre bœufs ou une trentaine de piastres au moins, soit 150 francs.

* * *

Le devin fabrique aussi des amulettes, « *ody* », et en fait le commerce. La collection des « *ody* » est aussi variée que peuvent l'être les circonstances heureuses ou malheureuses de la vie. Les uns protègent contre les « *lolo* », mauvais esprits qui hantent certains lieux, ou contre les « *mpamosavy* », jeteurs de mauvais sorts. Les autres préservent de la foudre, des épidémies, protègent contre la balle d'un ennemi, contre la morsure d'une bête malfaisante, etc.

Ces gris-gris sont, en général, faits de morceaux de bois spéciaux, de cornes de jeunes bœufs ou de dents de caïmans entourés de bandelettes rouges et de perles en verre de différentes couleurs. Ces dents, ces cornes, ces morceaux de bois servent de réceptacle à la matière qui constitue le remède, le préservatif ou le philtre au pouvoir merveilleux; tantôt c'est une mixture brunâtre, graisseuse, dans la composition de laquelle il entre souvent des poudres végétales extrêmement vénéneuses; tantôt ce sont des clous, des aiguilles, de petits morceaux d'un bois spécial, « *bakala* ou *hazomby* », passés préalablement à la fumée de l'*imbodrasana* (1) et rendus enchantés par elle et par les évocations des devins. Jetés sur le passage d'un ennemi, certains de ces objets doivent entraîner infailliblement sa mort. Quelques-uns de ces talismans coûtent cher.

Le devin est très craint et respecté des Sakalava, en raison de sa puissance cachée. A ce pouvoir fictif il en ajoute, du reste, un autre plus réel, la connaissance parfaite des plantes du pays. Avec elles, il sait composer des poisons extrêmement violents qui, absorbés par des poulets sur lesquels ils n'ont aucun effet ou introduits dans des bananes sur pied, font mourir lentement mais sûrement celui qui mangera le poulet ou la banane. Ainsi, l'*ombiasy* pourra-t-il faire disparaître aisément les personnes dont ses clients veulent se débarrasser.

Enfin, il s'adonne également à la pratique de l'envoûtement, mais là, les résultats sont beaucoup moins certains.

Il importe également de rapporter ici les faits relatifs au « *tromba* ». Le « *tromba* » est une crise d'épilepsie ou plutôt d'hystérie naturelle ou provoquée, au cours de laquelle un personnage chimérique, habituellement un ancien roi puissant, est censé venir tourmenter le sujet, qui est presque toujours une femme. La patiente est placée, accroupie, au milieu d'un cercle formé par ses voisins et ses parents, un

(1) Liane des forêts.

lamba sur la tête et dans la plus grande immobilité; près d'elle, gît l'offrande. On brûle des parfums et le tam-tam commence : des femmes entourant la patiente battent des mains et chantent sur un rythme qui favo-

Un Sakalava porteur d'amulettes

rise l'éclosion de la crise. Si l'esprit évoqué se montre accommodant, au bout de peu de temps la patiente ressent d'abord comme une brûlure dans la poitrine et est prise de tremblements nerveux, puis l'état cataleptique ne tarde pas à se déclarer; ses membres se raidissent, sa respiration devient haletante; elle laisse échapper avec volubilité des paroles entrecoupées, énonçant presque toujours les prescriptions que l'esprit, parlant par sa bouche même, impose, comme règle de conduite à l'avenir, à celui pour lequel a lieu la consultation.

A cet effet, il lui est, la plupart du temps, défendu de manger désormais de la viande d'un animal comme le poulet, le canard, le porc, sous peine de grave maladie ou même de mort. Ces aliments lui sont interdits à jamais ou pour un temps marqué. Souvent aussi, l'esprit réclame le sacrifice d'un bœuf blanc ou noir Dans ce cas, la crise cataleptique est évoquée de nouveau devant les gens assemblés du village. Le bœuf ensuite est tué et son sang consacré à l'esprit. C'est une occasion de plus, pour les assistants, de faire un grand festin avec la viande de l'animal abattu.

Pour calmer la crise, on fait tremper une pièce d'or ou d'argent, pendant quelques minutes, dans un verre d'eau; cette eau sert ensuite à laver la figure de la malade qui, généralement, se sent aussitôt apaisée. Mais quelquefois, malgré tous les efforts, l'esprit refuse obstinément de parler et la partie, alors, est à recommencer.

C'est l'*ombiasy* ou *mpisikidy* qui préside à cette sorte d'évocation. L'*ombiasy* ne doit pas être confondu avec le « *mpamosavy* », c'est-à-dire l'empoisonneur, le jeteur de sorts, être nuisible et abhorré. Pendant le jour, le mpamosavy ne se distingue en rien des autres hommes et des autres femmes, car c'est souvent une femme; mais la nuit on prétend qu'il se livre à des pratiques sinistres : caïmans, hiboux et autres oiseaux de nuit se donnent rendez-vous dans sa case. Il apprend d'eux les terribles secrets d'où il tire un pouvoir occulte très grand. Lorsque l'obscurité est profonde, il se promène dans la campagne ou dans les villages, entièrement nu, portant sur sa tête son lamba blanc roulé; il se rend aussi dans les cimetières, danse sur les tombes et viole les sépultures. Tous les malheurs qui surviennent lui sont attribués. Aussi, le mot qui désigne cette sorte d'individus ne doit-il pas être prononcé à la légère. C'est, en effet, l'accusation la plus grave qu'on puisse prononcer contre quelqu'un. Il y a quelques années à peine, toute personne convaincue d'appartenir à la magie noire était saisie sur-le-champ et exécutée sans forme de procès.

La magie, on le sait, n'est pas la religion ; elle elle en est la contrefaçon consciente et décidée; sa prétention avouée et universelle est de forcer le monde invisible à mettre à sa disposition ses secrets et son action pour s'en servir contre Dieu et contre les âmes, our détruire ce que la vraie religion a mission d'enseigner et de sanctifier : la famille, la morale, la croyance, la prière et le sacrifice.

---

## Conclusion

Dans Madagascar, devenue colonie française, le sol moral autant que le sol matériel attend encore que nous le fertilisions. A l'autorité civile, aux colons français surtout d'utiliser la terre, d'apprendre à cette race le labeur, l'épargne et l'industrie. A d'autres, de cultiver le sol moral, de le féconder par l'Evangile et d'amener peu à peu l'indigène de la sauvagerie à la civilisation chrétienne.

Œuvre ardue, entreprise, il y a 45 ans, dans les provinces du Centre, par les Pères de la Compagnie de Jésus, et commencée, il y a 12 ans à peine, dans le Sud et dans le Nord de l'île, par les Lazaristes et par les Pères du Saint-Esprit; œuvre toujours poursuivie et qui n'est pas terminée.

Œuvre ardue, puisqu'il s'agit, avant toutes choses, de réformer l'homme individuel, en l'éclairant de ses destinées et en éveillant sa conscience, pour l'amener peu à peu à produire des fruits de justice, de pureté, de paix, de charité et d'abnégation chrétienne.

Œuvre ardue, étant donnée surtout l'insuffisance des moyens, c'est-à-dire la pénurie des ressources et des missionnaires.

En colonie française, le missionnaire n'a pas, évidemment, à attendre les subventions du gouvernement. Il en serait autrement, par exemple, s'il était en colonie anglaise ou allemande. Il ne saurait vivre davantage sur le budget de l'indigène qui est bien trop pauvre. Seules, les allocations de la Propagation de la Foi et de la Sainte-Enfance l'aident à vivre. Mais elles sont insuffisantes. Aussi, préoccupé avant tout de pourvoir à sa subsistance et d'assurer l'avenir de sa mission par des ressources créées sur place, le missionnaire doit-il d'abord et petit à petit se faire planteur, cultivateur, éleveur, avant de songer à fonder autour de lui des œuvres d'apostolat et de créer des postes nouveaux.

Le personnel, comme on le pense bien, fait tout aussi défaut. Ainsi, le vicariat apostolique de Madagascar-Nord comprend actuellement onze districts ou provinces qui s'étendent le long des côtes, depuis Tamatave jusqu'à Diégo-Suarez, sur la côte Est, et depuis Diégo-Suarez jusqu'à Mévatanana et Andriba, sur la côte Ouest. Or, pour des régions aussi vastes, qui égalent en superficie la moitié de la France, nous sommes 22 prêtres seulement. C'est assez dire qu'il nous est impossible, sans catéchistes, de donner aux chrétiens répandus dans ces régions, une instruction, une formation suffisantes.

*
* *

Au chef-lieu du district, le missionnaire possède un

presbytère dont les meilleurs se composent de trois pièces; la charpente est en bois bruts, les murs sont en pisé, ou en lamelles de raphia, ou encore en joncs; la toiture est en chaume ou en tole; quant au plancher, c'est généralement la terre nue.

Aux postes secondaires, le missionnaire possède une case chapelle, ou loge chez l'habitant qui, fidèle à l'usage malgache, lui cède volontiers sa case enfumée. La nuit, il s'étend tout vêtu sur un lit malgache et, s'il voyage avec son confrère, l'un décroche la porte, la fixe sur deux caisses et s'y installe. Au demeurant, les rats, les moustiques, les puces et les chiques suffisent à distraire son sommeil, si tant est, parfois, qu'un grognement inattendu n'annonce la visite d'un chien ou d'un porc noctambule.

*
* *

Cependant, quelles que soient les difficultés et les entraves que la pénurie des moyens suscite au missionnaire en pays malgache, la vie est loin d'être pour lui sans joies, sans consolations, sans espoirs.

C'est d'abord l'augmentation des catholiques, dont beaucoup, d'ailleurs, chaque année, nous arrivent des provinces du Centre et viennent former le noyau de nouvelles communautés. C'est la fréquentation de plus en plus grande des sacrements, c'est l'assistance bien suivie aux offices du dimanche, pendant lesquels l'assemblée tout entière des fidèles chante des cantiques en langue du pays; c'est la formation peu à peu d'une élite plus instruite, plus désintéressée, plus réfléchie. En somme, la moyenne des catholiques est supérieure à celle qu'on pouvait se promettre de ce peuple et des conditions difficiles dans lesquelles il a été évangélisé. C'est une vigne à ses premières années, elle donne déjà, et les promesses valent les fruits. Car, loin d'être accessible à l'idée religieuse, le Malgache y est disposé : son âme d'enfant n'attend que la semence, et les fruits qu'elle porte, d'abord rares et sans grande saveur, se multiplient vite et deviennent excellents.

Case-chapelle. Un groupe de chrétiens malgache

Le respect et l'affection que les Malgaches portent à leurs missionnaires sont aussi pour ces derniers une consolation et un stimulant. Les chrétientés que nous fondons ne sont pas plus indifférentes à leurs apôtres que ne le furent les premières chrétientés d'Europe, qui, fondées par des étrangers, les aimaient plus que des frères.

Tout récemment, un de mes confrères de mission tombait malade, frappé par une fièvre bilieuse. A l'annonce du mal, les Malgaches de l'endroit accoururent en foule et se rencontrèrent auprès du missionnaire avec le médecin français mandé en toute hâte. Dès qu'ils eurent entendu ce dernier prescrire au malade une médication fort coûteuse en pays malgache, ils organisèrent sur le champ, malgré leur pauvreté, une petite quête pour procurer à leur missionnaire l'avantage de cette médication.

Des motifs d'encouragement, le missionnaire les puise surtout dans le sentiment qu'il sert la cause de l'Eglise et de la France.

De l'Eglise, en exécutant pour son humble part et selon ses forces, l'ordre qui lui fut donné par son divin Fondateur, le jour de l'Ascension : « Toute-puissance m'a été donnée au ciel et sur terre; comme mon Père m'a envoyé, Je vous envoie; allez, enseignez tous les peuples. » Il y a 2.000 ans bientôt que ce Testament d'un Dieu a été laissé à l'Eglise catholique, non comme un avis, non comme un conseil, mais comme le plus précis, le plus clair, le plus solennel de tous les commandements.

De la France, qui ayant étendu sa domination sur

la grande île africaine, se doit d'apprivoiser, de s'attacher, de moraliser les races inférieures qu'elle y rencontre, sous peine de n'être plus la nation initiatrice et apostolique qu'elle a toujours été, de trahir ses intérêts les plus évidents, de faillir à l'honneur.

Il y a 15 ans que la France a fait la conquête de Madagascar et qu'elle lui impose sa domination. De quel droit et dans quel but ? Tous les diplomates, écrivains, orateurs, voyageurs, fonctionnaires, magistrats, commerçants, ont une même et magnifique réponse : C'est au nom de la civilisation ! Or, qu'est-ce que la civilisation ? Ce n'est pas uniquement le progrès matériel, ce n'est pas seulement un vaste réseau de voies de communication, des bateaux, des télégraphes, des chemins de fer, ce n'est pas seulement un budget prospère, un commerce actif, le luxe des vêtements, etc. Prenez un Sakalava de la brousse, et donnez-lui une chemise, un pantalon, une redingote, des souliers vernis, des manchettes, un faux-col, des gants, couvrez-lui la tête d'un chapeau « huit-reflets », vous n'en aurez pas fait pour cela un homme civilisé. La civilisation, c'est l'éducation du cœur et de la volonté, la culture de l'âme, avant tout. C'est en développant l'âme que le christianisme a rempli dans le monde un rôle civilisateur unique, sans équivalent, sans analogue, grâce à l'action divine qui le féconde. Et ce que l'Eglise a fait dans le passé, elle continue de le faire dans le présent.

Enfin, ce qui soutient le courage du missionnaire, c'est le ferme espoir où il est de rencontrer sur sa route des âmes qui, mues par les mêmes sentiments de religion et de patriotisme, sauront, par leurs prières et leurs aumônes, l'aider dans son apostolat.

Par leurs prières, en demandant à Dieu notamment de susciter autour d'elles des vocations apostoliques. Il ne manque pas d'œuvres spécialement établies pour le recrutement et la formation des jeunes gens destinés à remplacer au loin les missionnaires au fur et à mesure qu'ils tombent.

Par leurs aumônes, en se chargeant, par exemple, de la fondation d'un poste de mission, de l'entretien d'un missionnaire ou de l'entretien d'un catéchiste. Mon rêve, (est-il trop beau pour être réalisé ?) serait d'arriver à fonder une œuvre générale de secours pour toute la mission de Madagascar-Nord, je veux dire une école de catéchistes. Choisir dans tous les districts du vicariat des enfants et des jeunes gens, les instruire, les former, les préparer à devenir des chefs de chrétienté, quelle œuvre plus nécessaire ! Ces auxiliaires indigènes seraient placés ensuite dans les postes secondaires pour instruire les enfants et les catéchumènes, pour soutenir les fidèles, les encourager, les réunir pour la prière, écarter les désordres, recevoir le missionnaire, annoncer sa visite, le remplacer auprès des mourants, présider aux enterrements, assurer les baptêmes, en cas de danger. Ainsi, aider à entretenir et à former de bons catéchistes, c'est préparer et assurer le salut d'une quantité d'âmes, c'est nous permettre d'évangéliser enfin cette race sakalava dont je me suis efforcé de dépeindre ici le caractère et les mœurs, race robuste et vaillante, mais d'ores et déjà condamnée à disparaître de la terre malgache, si elle persiste à écouter ses sorciers et à ne pas vouloir se multiplier davantage.

*
* *

Sans doute, nous avons chez nous des païens, sans qu'il soit nécessaire d'aller les chercher à Madagascar; mais il y a cette différence que les païens de chez nous ne manquent pas, s'ils veulent en user, des moyens de salut qui leur sont offerts, tandis que les païens de là-bas attendent, depuis 2.000 ans, qu'on aille leur dire ce que Dieu a fait pour eux.

Sans doute encore, charité bien ordonnée commence par soi-même, et il ne manque pas chez nous d'œuvres à fonder et à soutenir. Mais, charité bien comprise s'étend à d'autres qu'à soi, et il y a quelque chose de plus vénérable que notre église de paroisse, de plus sacré que notre clocher, c'est l'Eglise universelle. Plus la charité est généreuse et plus elle rayonne; plus elle est intelligente et plus elle se fait de clients, plus elle est surnaturelle et plus elle est catholique. Et là est la pensée vers laquelle il faut toujours revenir : soyons catholiques ! soyons ardents propagateurs de la foi chez les autres, chez ceux-là d'abord que la France s'est donné, par voie de conquête, la mission de civiliser, pour mériter de la conserver chez nous !

Il est humiliant, désolant de voir la foi baisser en France, nos églises se vider. Mais il est un dédommagement facile, une consolation à notre portée. Ame pour âme : je ne sache pas que l'âme d'un noir vaille moins, aux yeux de Dieu, que l'âme d'un blanc. Et sauver les âmes de bonne volonté qui se présentent à nous nombreuses en pays de missions, est encore le meilleur correctif à nos déchéances, la meilleure réparation à nos gloires, un puissant motif d'espérer en l'avenir. Et ici, je me permets d'emprunter la parole d'un de nos orateurs de la chaire chrétienne.

« Il me semble, s'écrie cet orateur (1), voir ma patrie accusée au jugement de Dieu qui lui dit, dans la grande assemblée des nations, comme à Job : « Ceins tes reins, tiens-toi ferme et réponds-moi. Tu as contracté une dette formidable envers ma justice. Que me rendras-tu en échange de tant d'âmes perdues par l'audace de tes blasphèmes, par l'immoralité de ta littérature, par la licence de tes théâtres, par l'athéisme de tes institutions, par le paganisme de tes mœurs, par la frivolité de ton esprit public, par la contagion universelle de tes exemples pervers ? Encore une fois, que me rendras-tu en ce jour de liquidation universelle où je te redemanderai âme pour âme, vie pour

(1) Le Père Caussette.

vie ? Tu es tenue à la restitution pour m'avoir pris ce que j'estime à la valeur de mon sang. »

« La France s'est mise en devoir de faire honneur à cette créance sacrée. Conquérante pour le bien, en même temps que séductrice pour le mal, elle a porté son Evangile plus loin encore que ses ravages et, traduite à la barre du Maître de toutes les nations, elle peut lui dire : « Si c'est à ma misère que vous demandez compte, je ne vous répondrai pas ; mais qu'ils parlent pour moi ces pauvres païens par qui je fais confesser votre nom sur tous les rivages connus. Il y a quarante ans, là où il n'y avait que deux évêques, je vous en ai donné vingt ; là où il n'y avait que cinq missionnaires, je vous en ai soixante-dix ; là où il n'y avait que deux mille convertis, je vous en ai donné quatre-vingt mille. O Père, ô Juge, des peuples comme des hommes ! Voilà les restitutions que j'offre à votre amour offensé ! Que beaucoup de péchés me soient pardonnés au-dedans parce que je vous ai beaucoup glorifié au dehors ! »



FIN

IMP. LORRAINE. - ÉPINAL

www.ingramcontent.com/pod-product-compliance
Ingram Content Group UK Ltd.
Pitfield, Milton Keynes, MK11 3LW, UK
UKHW021908260726
13966UKWH00006B/1291